Bibliografische Information der Deutschen Nationalbibliothek:

Die Deutsche Bibliothek verzeichnet diese Publikation in der Deutschen National-
bibliografie; detaillierte bibliografische Daten sind im Internet über http://dnb.d-
nb.de/ abrufbar.

Dieses Werk sowie alle darin enthaltenen einzelnen Beiträge und Abbildungen
sind urheberrechtlich geschützt. Jede Verwertung, die nicht ausdrücklich vom
Urheberrechtsschutz zugelassen ist, bedarf der vorherigen Zustimmung des Verlages. Das gilt insbesondere für Vervielfältigungen, Bearbeitungen, Übersetzungen,
Mikroverfilmungen, Auswertungen durch Datenbanken und für die Einspeicherung
und Verarbeitung in elektronische Systeme. Alle Rechte, auch die des auszugsweisen
Nachdrucks, der fotomechanischen Wiedergabe (einschließlich Mikrokopie) sowie
der Auswertung durch Datenbanken oder ähnliche Einrichtungen, vorbehalten.

Impressum:

Copyright © 2011 GRIN Verlag, Open Publishing GmbH
Druck und Bindung: Books on Demand GmbH, Norderstedt Germany
ISBN: 9783668464803

Jenny Cornelius

Let's listen to a pop song! Unterrichtsentwurf Englisch Klasse 6 Gesamtschule

GRIN Verlag

GRIN - Your knowledge has value

Der GRIN Verlag publiziert seit 1998 wissenschaftliche Arbeiten von Studenten, Hochschullehrern und anderen Akademikern als eBook und gedrucktes Buch. Die Verlagswebsite www.grin.com ist die ideale Plattform zur Veröffentlichung von Hausarbeiten, Abschlussarbeiten, wissenschaftlichen Aufsätzen, Dissertationen und Fachbüchern.

Besuchen Sie uns im Internet:

http://www.grin.com/

http://www.facebook.com/grincom

http://www.twitter.com/grin_com

Ministerium für Bildung, Wissenschaft und Kultur
Institut für Qualitätsentwicklung
Seminar für Grund- und Hauptschulen Greifswald

Unterrichtsentwurf

Lehrprobe im Fach Englisch

Thema der Unterrichtseinheit: Media in your freetime

Thema der Unterrichtsstunde: What media do we know? – Let's listen to a Popsong!

Name: Jenny Cornelius

Schule: Integrierte Gesamtschule X

Klasse: 6

Fach: Englisch

1

Inhaltsverzeichnis

1 Bedingungsanalyse

1.1 Schulische Bedingungen

Die Integrierte Gesamtschule (IGS) X befindet sich im ███████ Stadtteil X. Sie umfasst ein Haupt- und ein Nebengebäude (Container), eine Turnhalle sowie einen Sport- und einen Spielplatz. Überdies ist sie sowohl räumlich als auch technisch sehr gut ausgestattet. Direkt neben der Schule befindet sich die Grundschule „███████████".

Die 286 Schüler mit unterschiedlichen individuellen, sozialen und kulturellen Voraussetzungen werden von insgesamt 28 Lehrern unterrichtet. Zum weiteren Personal gehören eine Sekretärin, eine Sozialpädagogin, 5 Referendare, ein Hausmeister und ein Platzwart. Bis auf die dreizügige Klassenstufe 6 sind alle Klassen jeweils zweizügig vertreten. Im Hauptgebäude wird im Projekt „Produktives Lernen" unterrichtet. Dieses stellt das Lernen auf der Basis von Tätigkeiten und Erfahrungen im täglichen Leben dar und bietet den Schülern die Möglichkeit, das Gelernte unmittelbar in der Praxis anzuwenden und durch diese Praxiserfahrungen die Berufswahl zu erleichtern.[1] Nach der Orientierungsstufe (5 / 6) wechseln Schüler mit entsprechendem geistigem Potential aufs Gymnasium. Somit werden in der Mittelstufe (7 / 8) die Klassen gegebenenfalls wieder neu zusammen gesetzt. Eine Besonderheit ist der dann einmal in der Woche stattfindende Werkstattunterricht. Nach der Abschlussstufe (9 / 10) können die Schüler entweder die Berufs- oder die Mittlere Reife erreichen. In diesen Jahrgängen nehmen die Schüler wöchentlich an einem Praxislerntag teil.[2]

Mit Ausnahme der Schüler des „Produktive(n) Lernen(s)", die einen eigenen Tagesablauf haben, steht allen Schülern ein geschlossenes Ganztagsangebot zur Verfügung, welches Wahlpflichtangebote beinhaltet, von denen sich die Schüler mindestens zwei aussuchen müssen und wobei ein Angebot die Hausaufgabenbetreuung sein sollte. Dabei können die Schüler unter anderem zwischen Kursen wie „Holzbearbeitung", „Schwedisch", „Sport", „Trommeln", „Kochen" oder „Gitarre spielend lernen" wählen.

---

[1] Vgl. ███████
[2] Vgl. ███████

In regelmäßigen Abständen finden „Methodentage", Wandertage, Klassenfahrten, Projektwochen, Sprachreisen nach England und die Teilnahme an Wettbewerben statt.

Der Unterricht findet in Blöcken mit je 90 Minuten statt. Das Schuljahr ist in Quartale eingeteilt, wobei es zwei verschiedene Stundenpläne gibt, die vierteljährig wechseln.

1.2 Räumliche und materielle Bedingungen

Der Englischunterricht findet im Raum C01 statt. Dieser befindet sich im Erdgeschoss des Nebengebäudes (Container) der Schule. Er ist der Klassenraum von Frau X, in dem die Fächer Englisch und Geschichte unterrichtet werden. Demzufolge ist der Raum hauptsächlich mit englischen Flaggen und Sehenswürdigkeiten Englands gestaltet. Ausgestattet ist er mit einem Overheadprojektor, einem Whiteboard, einem Fernseher mit integriertem DVD- und Videoplayer sowie mit Wörterbüchern. Zwei Schränke bieten Stauraum für Lehrermaterialien. An den Fenstern sind die Jalousien stets herunter gelassen, um zu gewährleisten, dass die Schüler nicht durch äußere Geschehnisse abgelenkt werden und niemand von außen hinein sehen kann. Demzufolge ist der Raum sehr dunkel und muss das Licht während des Unterrichts immer angeschaltet sein.

Im Englischunterricht stehen den Schülern das Lehrwerk „Orange Line 2" und das zugehörige Workbook mit CD des Verlages „Klett" zur Verfügung. Überdies gibt es lehrbuchbegleitende Folien, eine DVD- und eine CD-Zusammenstellung, die alle EnglischlehrerInnen für den Unterricht nutzen können. Des Weiteren kann die von Lehrern entwickelte „Lernbörse", welche eine Methode differenzierten Arbeitens ist, genutzt werden. Sie besteht aus dreistufig differenzierten Arbeitsblättern für unterschiedliche Themenbereiche mit verschiedenen Aufgabentypen, die an das Lehrwerk „Orange Line" angelehnt sind. Ziel ist ein/e motivierender fremdsprachlicher Kompetenzerwerb beziehungsweise -erweiterung durch in der „Lernbörse" enthaltene zielgerichtete Aufgaben, die der Übung, der Festigung und der Kontrolle dienen.

1.3 Bedingungen in der Lerngruppe

In der Klasse 6c lernen 8 Jungen und 12 Mädchen im Alter von 11 bis 13 Jahren. Zu den 13 - Jährigen gehören ▮▮▮▮▮, ▮▮▮▮ ▮▮ und ▮▮▮▮. ▮▮▮▮▮▮ ▮▮▮▮▮ und ▮▮▮▮▮▮▮ sind ein Jahr später eingeschult worden, und ▮▮▮ und ▮▮ haben eine Klasse wiederholt. Die 20 Schüler kommen größtenteils aus den ▮▮▮▮▮ Stadtteilen ▮▮▮▮▮▮▮ ▮▮▮▮▮ und ▮▮▮▮▮ Viele kennen sich bereits seit der Grundschulzeit.

Einige Schüler der Klasse haben einen Migrationshintergrund. ▮▮▮▮ ▮▮▮▮▮▮▮ ▮▮▮▮ und ▮▮▮▮ kamen im Kleinkindalter als Russlanddeutsche mit ihren Eltern nach Deutschland. ▮▮▮▮▮ wurde zwar in der BRD geboren, besitzt aber kurdische Nationalität. ▮▮▮▮▮▮▮ leiblicher Vater stammt aus Togo, wodurch ihr ebenfalls ein Migrationshintergrund zugeordnet werden kann. Zudem wurde sie im zweiten Halbjahr der 5. Klasse in einer Bayrischen Schule beschult. Da sie dort keinen Anschluss fand, beschlossen ihre Eltern wieder nach ▮▮▮▮ zurück zu kehren, um ihrer Tochter einen angenehmeren Schulalltag in der vertrauten Klasse zu ermöglichen. Alle diese sechs Schüler sprechen fließend und akzentfrei Deutsch, kommunizieren zu Hause mit ihren Eltern aber zum Teil auch in ihrer Muttersprache.

Das soziale Miteinander ist größtenteils gut, wobei sich die Schüler gegenseitig respektieren und höflich miteinander umgehen. Dennoch haben sich Gruppen gebildet. In dem Zusammenhang sei zu erwähnen, dass ▮▮▮▮ von ▮▮▮ und ▮▮▮▮▮ gemobbt wird. ▮▮▮▮▮▮ muss aufgrund ihres starken Übergewichts Beleidigungen, vor allem außerhalb ihrer Klasse, ertragen. Zudem hat sie einen schwierigen familiären Hintergrund. Beide Faktoren sind möglicherweise Gründe für ihr sehr schüchternes Verhalten sein. Weitere Besonderheiten stellen ▮▮▮▮ Aggressionsverhalten sowie ihre Angstzustände dar, aufgrund derer sie sich gegenwärtig in psychologischer Betreuung befindet. Generell ist die 6c eine lernbereite und höfliche Klasse. Als Ansprechpartnerinnen hat sie ihre Klassenlehrerinnen Frau X und Frau X.

1.4 Besonderheiten einzelner Schüler

Der Großteil der Klasse erbringt befriedigende bis gute Leistungen und ist dem Englischunterricht gegenüber aufgeschlossen. Zur Leistungsspitze gehören ███████████████████. ██████ hat die Rolle des Klassensprechers und ihr Vertreter ist ████ Gute Leistungen erbringen ██████ ██████████ ████████ ████████, ██████ und ███ Dem leistungsbezogenen Mittelfeld sind ███████████████████████████ und ████████████ zuzuordnen.

Zu den leistungsschwächeren Schülern zählen █████ █████ ██████████ und ████████ ██████ und ████ haben eine anerkannte LRS und erhalten auf Grund dessen seit kurzer Zeit Nachhilfe. Diese Teilleistungsschwäche spielgelt sich auch im Leistungsvermögen innerhalb des Englischunterrichts wider. Bei ██████████ kommt noch ein ADHS hinzu, durch das es ihm merklich schwerfällt, sich zu konzentrieren.

Wegen dieser Leistungsunterschiede innerhalb der Klasse steht den Schülern grundsätzlich ein differenziertes Aufgabenangebot zur Verfügung.

2 Sachanalyse

2.1 Medien

Der Begriff „Medien" (lat. „Mittel") steht für den Plural von „Medium" und wird heutzutage als Kurzform von Massenkommunikationsmittel beziehungsweise Massenmedien verwendet. Als Massenmedien bezeichnet werden die klassischen Printmedien (z.B. Zeitung und Zeitschriften) und die elektronischen Medien. Bei den elektronischen Medien kann wiederum zwischen auditiven Medien (Radio) und audiovisuellen Medien (Fernsehen, Computer) unterschieden werden. Sie stellen Mittel zur Informationsbeschaffung und - verbreitung sowie zur Kommunikation, zur Bildung und / oder zur Unterhaltung durch Sprache, Bilder oder Musik dar und sind ein unverzichtbarer Teil der heutigen Mediengesellschaft, die kaum noch ohne die neueren Medien wie Internet oder Mobiltelefone auskommt.[3] In der Mediendidaktik wird unterschieden zwischen visuellen, auditiven und audiovisuellen Medien.[4]

---

[3] http://www.enzyklo.de/lokal/40014 (20.05.2011)
[4] Doff; Klippel, S. 155.

Da Medien in heutiger Zeit zum Alltag von Kindern und Jugendlichen gehören und somit einen hohen Realitätsbezug ermöglichen, sollten ihnen einige der oben genannten Medien auch im Unterricht begegnen. Hierbei stellen sie „zum einen Werkzeug und Hilfsmittel, zum anderen selbst (den) Gegenstand von Lernprozessen"[5] dar.

In ihrer Mediendidaktik unterscheiden Gienow und Hellweg die Medien aus der Perspektive der Semiotik (Zeichentheorie). Demnach werden „Sprachmedien" (Sprechsituationen oder Sprech- und Schreibspiele, E-Mail-Texte), „Bildmedien" (z.B. Fotos, Gemälde, Graphiken ohne Sprachzusätze) und „Musik- und Geräuschmedien" (ohne Sprachzusätze) wie Charakterstücke, Programmmusik, meditative Musik, Situationsdarstellung und Handlungsabläufe sowie „Verbundmedien" (Bildergeschichten mit Sprachzusätzen, Collagen, Lieder und Songs verschiedener Art, Musicals, Filme oder Videos) unterschieden.[6]

Hinsichtlich des Einsatzes im Englischunterricht wird in Doff und Klippels Didaktik bei den visuellen Medien zwischen „Didaktische(n) auditive(n) Medien" wie Lernsongs, Hörspiele, Ausspracheübungen oder Schulfunk und „Authentische(m) auditive(n) Material" wie unter anderem Musik und Geräusche, Songs, Radiosendungen, Hörbücher, Soundtracks zu Filmen unterschieden werden.[7]

2.2 Popmusik allgemein und im Englischunterricht

Als Popmusik kann eine Musik deklariert werden, wenn sie aktuell sehr beliebt ist und den Musikgeschmack der Masse der Menschen anspricht. Ihr kann jedoch kein eindeutiger Stil zugeschrieben werden, da sie sich seit ihrer „Entstehung" in Folge der Rock n' Roll Revolution in den 1950er Jahren im Laufe der Zeit fortlaufend verändert.[8] Die beliebteste Form der Popmusik stellen Popsongs dar. Diese beinhalten größtenteils einen Strophe – Refrain – Strophe – Bridge – Refrain – Rhythmus und dauern in der Regel zwei bis fünf Minuten.[9]

---

[5] Ebenda, S. 138.
[6] vgl. Gienow und Hellweg, 1998, S. 137.
[7] Doff, Kippel, 2007, S. 159.
[8] Vgl. http://top40.about.com/od/popmusic101/g/popmusic.htm (27.05.2011).
[9] Ebenda.

Popsongs sind ein authentischer und vertrauter Teil im Freizeitleben der Schüler, weshalb sie aus pädagogischen und motivationspsychologischen Gründen vom Englischunterricht nicht fern gehalten werden sollten. Ihre Inhalte und Melodien sprechen sowohl Erfahrungen als auch Interessen der Schüler an und ermöglichen daher einen unbewussten, aber effektiven Umgang mit der englischen Sprache. Kurzum stellen Songs im modernen Englischunterricht ein unverzichtbares „authentisches auditives Material"[10] dar.

2.3 „Call My Name"

„Call My Name" ist ein aktuell sehr beliebter, und daher seit fast einem Monat auf Platz 1 der deutschen Single-Charts, Popsong, der in der Übersetzung „Ruf meinen Namen" bedeutet. Er wurde vom deutschen Popmusik-Produzenten und Komponisten Dieter Bohlen geschrieben und produziert und ist der Siegertitel der achten Staffel der deutschen Castingshow „Deutschland sucht den Superstar (DSDS)" auf dem Privatsender RTL. Die Show ist die deutsche Variante der britischen Talentshow „Pop Idol", deren Format der britische Musik- und Fernsehproduzent und ehemaliger „Spice-Girls"-Manager Simon Fuller erfand.[11]

Die letzte Staffel gewann am 7. Mai 2011 der 18-jährige Halbitaliener Pietro Lombardi. Seine Single „Call My Name" aus dem Album „Jackpot" war die erste Singleauskopplung des DSDS-Gewinners. Darin wurden zwei Versionen des Titels digital publiziert: eine von Pietro Lombardi und eine von der Zweitplatzierten Sarah Engels. Wenige Tage nach der Veröffentlichung des Songs bekam Lombardi eine „Goldene Schallplatte" für 150.000 verkaufte Downloads von „Call my name".

---

[10] Doff, Klippel, 2007, S. 159.
[11] http://de.wikipedia.org/wiki/Simon_Fuller (27.05.2011).

3 Didaktische Analyse

3.1 Rahmenplanbezug

Die vorliegende Unterrichtsstunde integriert das Themenfeld „Our modern world (nature, media)" und beinhaltet im Bereich „media" unter anderem das Thema Musik im Leben der Schüler. Bezüglich des Medieninhalts sollen die Schüler die enge Verbindung zwischen Sprache und modernen Kommunikationsmitteln erleben.[12] Weiterhin sollen sie sich z.B. über ihre Lieblingsmedien und deren Verwendung äußern.[13] Diese unterstützen das Erreichen / die Entwicklung der im Folgenden aufgelisteten Ziele / Kompetenzen.

- Mündliche Rezeption (Hör- / Hör-Sehverstehen),
- Mündliche Interaktion (an Gesprächen teilnehmen),
- Mündliche Sprachproduktion (zusammenhängendes Sprechen),
- Schriftliche Rezeption (Leseverstehen),
- Schriftliche Sprachproduktion (Schreiben),
- Sprachmittlung,
- Interkulturelle Kompetenzen / Soziokulturelles Orientierungswissen / Interkulturelles Bewusstsein.[14]

Die Unterrichtsstunde intergiert den Bereich der mündlichen Interaktion während der Erarbeitung der Medienübersicht und während des Hörens und Lesens den Bereich der mündlichen und schriftlichen Rezeption und zum Teil auch der schriftlichen Sprachproduktion. Am Ende der 6. Klasse sollten die Schüler unter anderem und besonders in vorliegender Stunde den Inhalt kurzer Hörtexte erfassen können, Aufforderungen und Erklärungen verstehen.[15] Weiterhin können sie sich in deutlicher Aussprache zu vertrauten Themen verständigen.[16] Im Bereich der schriftlichen Sprachproduktion können die Schüler Tafelbilder korrekt abschreiben und nach sprachlicher Vorgabe nutzen und mündlich wiedergeben.[17]

---

[12] Vgl. Rahmenplan, S. 26.
[13] Ebenda, S. 27.
[14] Rahmenplan, S. 4.
[15] Ebenda, S. 13.
[16] Ebenda, S. 15.
[17] Ebenda, S. 16.

3.2 Exemplarische Bedeutung

In der Unterrichtsstunde erhalten die Schüler einen Überblick über Medien im Alltag und werden sich des gegenwärtigen Stellenwertes derselben bewusst. Sie bietet ihnen die Möglichkeit, sich im englischen Sprachgebrauch und Hörverstehen zu üben, bekannten Wortschatz zu reproduzieren und einen Songtext mit wenigen unbekannten Vokabeln inhaltlich zu erfassen.

3.3 Gegenwartsbedeutung

Die meisten Schüler sind mit zahlreichen Medien vertraut. Sie kennen alle Medien wie Computer, Fernsehen, mp3-player, CD-Player usw. sowie kennen deren Nutzungsmöglichkeiten. Auch im schulischen Rahmen werden diese regelmäßig zum Kompetenzerwerb genutzt.

In jedem Radio, in fast jedem Einkaufszentrum und Fernsehprogramm werden die Menschen mit der englischen Sprache innerhalb von Popsongs konfrontiert. Die deutsche Sprache selbst steckt voller Anglizismen, die uns überall, z.B. bei Aufschriften, begegnen. Besonders die Begegnung in Popsongs ist allgegenwärtig. Auch die Schüler hören und interessieren sich in der Freizeit für Musik und insbesondere für aktuelle Popsongs. Demzufolge kennen sie mit hoher Wahrscheinlichkeit – zumindest von der Melodie her – den Song des kürzlich gewählten DSDS-Gewinners Pietro Lombardi.

3.4 Zukunftsbedeutung

Der Unterrichtsgegenstand stellt einen „Schritt" zur Erweiterung der fremdsprachlichen Kompetenzen „Hören" und „Sprechen" dar und trägt gleichzeitig zur Erweiterung jener Kenntnisse und Fähigkeiten bei, die im fortlaufenden Englischunterricht notwendig sind. Denn in diesem müssen die Schüler im Englischunterricht zunehmend Englisch sprechen und schwierigere Hörtexte inhaltlich erfassen und tiefgründig analysieren. Letztendlich erhöhen die fremdsprachlichen Fähigkeiten für die Schüler unter anderem die Chancen, die Abschlussprüfung zu bestehen und einen Ausbildungsplatz zu finden. Zudem ermöglichen und erleichtern sie ihnen die Verständigung im englischsprachigen Ausland. Weiterhin wird ggf. in Schülern ein gezieltes Interesse für die Inhalte englischsprachiger Popsongs geweckt.

3.5 Einordnung in die Unterrichtseinheit

Stunde	Inhalt / Ziel
1	Einführung des Themas „Medien" anhand einer Mindmap über den Schülern vertraute Medien. Die Schüler sprechen über Musik in der Freizeit und vervollständigen bzw. ordnen Textteile des Songtextes von „Call My Name" des DSDS-Gewinners Pietro Lombardi.
2 - 3	Die Schüler lesen und verstehen eine Geschichte über das Erstellen einer CD und lernen in diesem Kontext die Bedeutung und Anwendung des „present perfect" kennen.
4 - 5	Die Schüler verstehen eine E-mail und machen eine Klassenumfrage nach vorgegebenem Muster unter der Bildung von Fragen und Verneinungen im „present perfect".
6 – 7	„The Wizard of Oz" - Die Schüler verstehen ein Theaterstück und stellen Fragen mit und ohne Fragewörter(n) in der zuvor erarbeiteten Zeitform.
8 - 9	Die Schüler sprechen über eigene Fernsehgewohnheiten und ihre diesbezüglichen Vorlieben und analysieren zwei TV-Programme.

4 Ziele in den Kompetenzbereichen

4.1 Ziele der Unterrichtseinheit

Sachkompetenz

Die Schüler lernen verschiedene Arten von Medien kennen, setzen sich mit eigenen Mediengewohnheiten auseinander, üben die Verwendung des „present perfect" in Aussage- und Fragesätzen. Zudem erweitern sie ihren aktiven und passiven Wortschatz, entwickeln durch Übung ihre kommunikativen Fertigkeiten (Hören, Sprechen, Lesen, Schreiben, Sprachmittlung) und werden sich der Bedeutung der englischen Sprache als weltweite Sprache der Medien bewusst.[18]

Methodenkompetenz

Die Schüler üben sich in Textrezeption und -produktion sowie im konzentrierten und zielgerichteten Arbeiten. Weiterhin wenden sie Lernstrategien wie die Arbeit mit dem Wörterbuch an. Daneben verbessern sie ihre Selbsteinschätzung und arbeiten erfolgreich in verschiedenen Sozialformen.

Sozialkompetenz

Die Schüler halten sich an Regeln des ruhigen, zielgerichteten und konzentrierten Arbeitens. Sie gehen respektvoll und höflich miteinander um. Dabei akzeptieren sie die Meinung und die Arbeit der Mitschüler. In Phasen offener Unterrichtsformen unterstützen und beraten sie sich gegenseitig.

Selbstkompetenz

Die Schüler stellen fest / schätzen ein, was ihnen noch Probleme bereitet und woran sie demzufolge weiterhin zu arbeiten haben. Diesbezüglich wählen sie bei differenzierten Aufgabenangeboten die für sie passende

---

[18] Rahmenplan, S. 26.

Schwierigkeitsstufe. Überdies setzen sie sich eigene Verhaltens- und Arbeitsziele und schätzen ihre Gewohnheiten im Umgang mit Medien ein.

4.2 Ziele der Unterrichtsstunde

Sachkompetenz

Die Schüler aktivieren ihr Vorwissen und erhalten einen Überblick über verschiedene Medien und deren Konsummöglichkeiten in einer für sie nachvollziehbaren Form. Sie lernen den Inhalt des Songs „Call My Name", identifizieren den bekannten und erwerben ggf. einen neuen Wortschatz.

Methodenkompetenz

Die Schüler aktivieren während der Erarbeitungsphase ihr Vorwissen zu unterschiedlichen Medien und prägen sich Komponenten einer dazu entstehenden Mindmap durch deren Versprachlichung ein. Sie äußern sich zu Fragen, reaktivieren bekannten Wortschatz innerhalb des Songs und üben sich, besonders innerhalb der Phase des Hörens, im *bewussten* Zuhören und stärken ihre Konzentrationsfähigkeit.

Sozialkompetenz

Die Schüler beachten bekannte Unterrichts- und Gesprächsregeln wie ruhiges, konzentriertes Arbeiten und aufmerksames Zuhören. Insbesondere tolerieren sie den Musikgeschmack ihrer Mitschüler.

Selbstkompetenz

Die Schüler erweitern ihren Grundwortschatz. Sie äußern sich offen über eigene Gewohnheiten im Medienkonsum und reflektieren darüber. Sich selbst und ihr Leistungsvermögen schätzen sie korrekt ein und wählen für die Arbeit an dem Song demzufolge den individuell richtigen Schwierigkeitsgrad. Die Schüler zeigen Leistungsbereitschaft, haben Spaß am Hören des Songs und bekunden Interesse an dessen Inhalt.

5 Methodische Analyse

5.1 Motivation und Zielorientierung

Den Einstieg in die Unterrichtsstunde stellen die Begrüßung und die Zielorientierung dar. Letztere beinhaltet die Aussicht darauf, dass es in der heutigen Unterrichtsstunde um einige Freizeitmöglichkeiten geht. Da jeder Schüler gerne Freizeit hat, wirkt das angekündigte Gesprächsthema zusätzlich zur Zielorientierung als Motivation. Die anschließende kurze Ansicht der im Raum vorhandenen Abbildungen verschiedener Medien weckt weiteres Interesse, da diese Medien allen Schülern aus ihrer Freizeit oder aus der Schule bekannt sind.

5.2 Erarbeitung und Übung

In der Phase der Erarbeitung bekommen die Schüler ein unvollständiges Arbeitsblatt, welches das Tafelbild als unvollständige Mindmap darstellt. Die Schüler bekommen erklärt, dass die vorliegende nur *eine* Möglichkeit einer Mindmap ist, Dinge, die man in der Freizeit nutzen kann, anzuordnen. Die Schüler bringen somit das Arbeitsblatt mit der Tafelübersicht in Verbindung und erkennen nun unschwer das Ziel, die Mindmap zu vervollständigen. Als gleichzeitige Motivation soll die Aussicht, herausfinden zu können, wie man die dargestellten Dinge nutzen kann, dienen. Zu Beginn sollen sich die Schüler hauptsächlich mit dem Inhalt der Übersicht beschäftigen, weshalb ich den Begriff „Medien" zunächst ausspare.

Die vollständige Mindmap stellt eine für mich günstige, für die Schüler nachvollziehbare Anordnung dar, in die ich alle den Schülern vertrauten, oder ihnen zumindest bekannten, Medien eingegliedert habe. Wie mir bewusst ist, kann die Mindmap noch durch einige Medien erweitert werden. Die geläufigen sind aber - in Anlehnung an das Lehrwerk „Orange Line 2" - meiner Ansicht nach für Klasse 6 vollkommen ausreichend. Die im Schülerbuch vorgegebenen Medien sind für mich zu lückenhaft aufgelistet, denn man kann z.B. Musik nicht auschließlich mit einem MP3-Player hören. Daher habe ich diesen Aspekt in meiner Übersicht erweitert dargestellt.

Bei der Erarbeitung habe ich mich für ein lehrergelenktes Unterrichtsgespräch mit gezielten Fragen entschieden. Dieses lässt nur wenig Raum für Spekulationen und spart somit Zeit. Zudem stellt es sicher, dass anschließend alle Schüler dieselbe Übersicht haben. Während des Gesprächs soll die Klasse die fehlenden Begriffe auf ihrem Arbeitsblatt ergänzen. Eine andere Variante wäre gewesen, das Arbeitsblatt erst nach Vervollständigung an der Tafel auszugeben, einige Inhalte daran wieder zu löschen und diese von den Schülern anschließend aus dem Gedächtnis ins unvollständige Arbeitsblatt eintragen zu lassen. Aus Zeitgründen habe ich mich aber dagegen entschieden.

Das Hauptziel des ersten Stundenabschnitts ist es, eine Übersicht über bekannte Medien zu bekommen und die Mindmap zu versprachlichen. Dafür gebe ich seitlich der Übersicht Satzanfänge vor, die es den Schülern erleichtern, meine Fragen im vollständigen Satz zu beantworten. Da die Übersicht, wie bereits erwähnt, erweiterungsfähig ist, können die Schülerantworten jedoch von meiner geplanten Übersicht abweichen. Im Fall einer solchen Erweiterung gehe ich nur kurz auf die Schülerantwort ein und gebe aber ggf. weitere Hinweise, die zum angestrebten Begriff führen sollen. Als Hilfe für die Versprachlichung der Mindmap-Komponenten biete ich den Schülern an der Tafel Satzanfänge an, die sie ergänzen. Mit diesen Ergänzungen vervollständige ich das Tafelbild.

Nachdem die komplette Mindmap vervollständigt ist, frage ich die Schüler nach dem Sammelbegriff für die erarbeiteten Begriffe. Der Begriff „Medien" sollte ihnen jedoch schon geläufig sein. Wenn nicht, gebe ich ihn vor.

Im Anschluss folgt die Arbeit am Stoff. Dafür lösche ich die vervollständigten Satzbeispiele am Tafelbild und lasse die Schüler je 3 eigene Sätze auf die Rückseite ihres Arbeitsblattes schreiben. Ziel dessen ist es, die verschiedenen Möglichkeiten der Medien aus dem Gedächtnis heraus nicht nur zu reaktivieren, sondern sie erneut logisch in Verbindung zu setzen. Gleichzeitig üben sich die Schüler in der Verschriftlichung von stichwortartigen Übersichten und erweitern die Kompetenz der schriftlichen Sprachproduktion. Schwächeren Schülern erlaube ich, ihre Übersicht trotzdem zur Hilfe zu nutzen. Die Kontrolle erfolgt im Unterrichtsgespräch. Aus Zeitmangel unterlasse ich eine Partnerarbeit, bei der sich über die Ergebnisse der in Einzelarbeit entstandenen Sätze hätte ausgetauscht werden können. Anschließend erläutere ich den Schülern die Hausaufgabe, die der Festigung des zuvor erarbeiteten Inhalts dient.

Den zweiten größeren Stundenabschnitt stellen das Medium „music" und das Hören des Popsongs „Call My Name" dar. Hierbei strebe ich schwerpunktmäßig die Schulung des Hörverstehens an. Erfahrungsgemäß sind die Schüler dieser Klasse der Musikgattung „Pop" gegenüber sehr aufgeschlossen. Die Motivation ist hoffentlich besonders groß, da es sich um den Song des neuen deutschen Superstars handelt, den mit großer Wahrscheinlichkeit die meisten der Schüler kennen. Den Text dieses Titels gilt es hier während des Hörens zu bearbeiten. Aufgrund der großen Leistungsunterschiede im Englischunterricht bekommen die Schüler drei verschiedene Schwierigkeitsstufen angeboten. Bei der leichtesten Variante müssen sie bereits vorbereitete Textblöcke ordnen und bei der mittleren insgesamt 10 Lücken mit in einer Box vorgegebenen Wörtern füllen, unter denen zwei nicht zutreffend sind und die deshalb nicht eingetragen werden dürfen. Die höchste Niveaustufe beinhaltet ebenfalls den Song mit 10 Lücken, in die jeweils das richtige Wort ohne zusätzliche Hilfestellung, wie z.B. die oben genannte Box, eingetragen werden muss. Die Schüler sind diese Weise der Differenzierung schon gewohnt. Die leichteste Schwierigkeitsstufe habe ich für Anne, Florian, Kim und Lisa vorgesehen. Sollte sich einer dieser Schüler nicht dafür entscheiden oder ein Schüler mit mittlerem Leistungspotential die leichte Variante wählen, werde ich dezent auf eine Änderung der Entscheidung hinwirken.

Die folgende Kontrolle findet mit Einsatz einer Folie statt. Sie wird so gestaltet, dass ich den Songtext bis hin zur Lücke vorlese und die Schüler das fehlende Wort nennen, das ich anschließend am Overheadprojektor aufdecke. Auf diese Weise dauert die Kontrolle nicht so lange, als wenn ich die Begriffe an die Tafel schreiben würde. Zusätzlich prägt sich die Klasse die Aussprache noch einmal ein. Um die schriftliche Rezeptionsfähigkeit zu erweitern und den Grad der Aufmerksamkeit beim vorangegangenen Hören zu überprüfen, lasse ich den Songtext abschnittweise von den Schülern laut vorlesen. Hierbei werde ich so vorgehen, dass der Reihe nach jeder 2 Zeilen liest. Da der Song lang genug ist, bekommt jeder einmal die Gelegenheit zum Lesen. Ein zusätzlicher Vorteil ist die dadurch erforderliche Aufmerksamkeit und Konzentration aller Schüler auf den Text.

5.3 Ergebnissicherung

Nun haben die Schüler den Song mindestens zweimal gehört und selbst gelesen. Da der Text viele Wiederholungen, leichte Wendungen und wenig neues Vokabular beinhaltet, gehe ich bei der Ergebnissicherung davon aus, dass der Großteil der Schüler während des Hörens auch die Thematik des Songs aufgegriffen bzw. sich wenigstens einige Worte gemerkt hat. Demzufolge stelle ich abschließend einige einfache Fragen zum Inhalt, deren Richtig- oder Falschheit sie mit der Geste des Daumenhebens oder -senkens mitteilen müssen. Diese Form der Ergebnissicherung habe ich gewählt, da sich die Schüler hierbei bewusst auf den Inhalt besinnen, ohne diesen eigenaktiv beschreiben zu müssen. Eine Variante hätte die Verwendung von roten und grünen Kärtchen sein können, welche die Schüler hätten hochhalten können. Aus Zeitgründen habe ich mich jedoch für die geplante Variante entschieden.

Der Ausblick soll die Schüler gespannt auf folgende Englischstunde machen, in der sie hoffentlich ebenso motiviert sein werden.

Sollte danach noch Zeit bleiben, was ich anstrebe, plane ich, den Song gemeinsam mit den Schülern zu singen. Da ich davon ausgehe, dass er ihnen schon vorher bekannt ist, müsste die Klasse gut mitsingen können.

6 Verlaufsplanung

Zeit	Didaktische Funktion	Methoden / Sozialform	Unterrichtsinhalte Aufgabenstellungen	Medien
11.35 - 11.37	Motivation / Ziel-orientierung	Unterrichts-gespräch	L.: *Today we want to talk about things you like to do in your free time.* L fragt S, was sie auf den Bildern innerhalb des Klassenraums sehen. S antworten: CD-player, MP3 Player, Computer, Laptop, TV. L: *Let's try to find out, how we can use them.*	Bilder mit Abbildungen einiger Medien
11.38 - 11.48	Erarbeitung	Unterrichts-gespräch	L deutet auf Tafelübersicht und teilt unvollständiges AB aus. L erklärt, dass die Übersicht eine von vielen möglichen Varianten ist: L: *There are many different ways to make a mind map. And this is <u>only one.</u>* L fragt gezielte Fragen und vervollständigt Übersicht: z.B.: 1. *What can you do with a camera? Where can you find pictures?* 2. *What do you need to watch films?* 3. *You can find a written text in an email. Where can you also find written texts?* 4. *What can you do with a gameboy and an xbox? How can you also play computer games?* 5. *What do you need to make phone calls?* 6. *What can you do with an mp3-player?* 7. *There is one last thing missing. What can you use to watch films, listen to music, see and find pictures, to phone sb., play computer games and to listen to music?* *(You can use these phases to answer)* Bsp.-S-Antworten: You <u>use</u> a camera to take pictures. You <u>can</u> watch films on a TV. You <u>can find</u> written texts in books.	Tafelbild: unvollständige Mindmap + entsprechendes Arbeitsblatt Satzanfänge im TB

Zeit	Phase	Sozialform	Verlauf	Medien
			You need an MP3 player to listen to music.	
11.49 - 11.51	Arbeit am neuen Stoff	Einzelarbeit	Entstehung einer Variante einer Übersicht über Medien im Alltag der Schüler mit Vorgabe der Begriffe „camera", „magazines", „films", „written texts", „email", „xbox", „gameboy", „phone calls", „MP3 player" L: *What word can we find for all these things?* S: *media* → L: *Write down the heading!* L löscht Textteile hinter vorgegebenen Satzanfängen: *Now I want to test, if you are media experts, who can write down some new sentences.* L: *Turn around your paper and write down. If you are not sure, you can have a look at it!*	Rückseite des AB
11.52 - 11.54	Kontrolle	Unterrichts- gespräch	L erfragt mögliche Lösungen.	Rückseite des AB
11.55 - 11.57	Hausaufgabe	Frontal- unterricht	L erläutert HA: *Help Terry to explain his grandma some media!* *Wkb. P 52/2*	Arbeitsheft S. 52
11.58 - 12.00	Hinführung	Frontal- unterricht	L eröffnet das Medium "music" und fragt nach Lieblingsmusik o. Sänger. S äußern sich L zeigt Poster und kündigt das Hören des Songs „Call My Name" von Pietro Lombardi an und schreibt Titel an die Tafel. L erläutert Ablauf der folgenden Hörübung und fordert Schüler auf, sich ihr Arbeitsblatt mit selbst gewähltem Schwierigkeitsgrad zu holen.	Poster P. Lombardi Differenzierte Arbeitsblätter */**/***

				Differenzierte Arbeitsblätter */**/*** Laptop, Boxen
12.01 - 12.10	Übung	Einzelarbeit	L: *Listen to the song and fill in the missing words!* S ergänzen Lücken	
12.11 - 12.17	Kontrolle	Unterrichts-gespräch	L liest Songtext vor und S nennen fehlende Worte an entsprechender Stelle. Fehlende Worte werden vom L nacheinander aufgedeckt. L: *Now it's your turn to read the songtext.* S lesen Songtext abschnittweise.	Arbeitsblätter, Folie, Overheadprojektor
12.18 - 12.19	Ergebnis-sicherung	Frage-Geste-Spiel	L erläutert Spiel. L stellt Fragen zum Inhalt des Textes: z.B.: *A boy loves a girl. The song is about sports. The boy wants to have a rendezvous with the girl. The boy doesn't miss her. The girl makes him strong. The love will end tomorrow.* S heben oder senken Daumen dementsprechend.	
12.20	Ausblick	Frontalunt.	L: *Next lesson we talk about music again.*	
	Reserven	Partnerarbeit	1. Song nur einmal hören - 2. Refrain übersetzen + 3. Austausch in Paaren über Inhalt der Lücken + 4. ES: *What media did we use today?* → *laptop, music* + 5. Singen des Songs mit Musik. + (Reserve nach oben). - (Reserve nach unten)	

5 Literaturverzeichnis

- Doff, Sabine; Kippel, Friederike: Englisch Didaktik: Praxisbuch für die Sekundarstufe I und II. Berlin: Cornelsen Verlag, 2007

- Gienow, Wilfried; Hellweg, Karlheinz: Medien prozessorientierter Sprachbegegnung. In: Timm, Johannes-Peter: *Englisch lernen und lehren: Didaktik des Englischunterrichts.* Berlin: Cornelsen Verlag, 1998

- Rahmenplan Englisch für die die Jahrgangsstufen 5 und 6 an der Regionalen Schule sowie an der Integrierten Gesamtschule. Ministerium für Bildung, Wissenschaft und Kultur des Landes Mecklenburg-Vorpommern (Hrsg.), 2009

Internetseiten:

http://www.enzyklo.de/lokal/40014

http://www.songtextemania.com/call_my_name_songtext_pietro_lombardi.html
http://top40.about.com/od/popmusic101/g/popmusic.htm
http://de.wikipedia.org/wiki/Simon_Fuller
http://www.pinkclusive.de/wp-content/uploads/2011/02/pietro-lombardi.jpg
http://www.youtube.com/watch?v=jWZxDYm_a98

Bilder (23.05.2011):

http://www.getknownnow.com/images/clipart-mp3.jpg
http://www.clker.com/cliparts/z/3/L/x/j/T/tv-md.png
http://www.stjudes.org/files/School/Other/Computer.jpg
http://school.discoveryeducation.com/clipart/images/lptp4.gif
http://barbara.mettingen.de/images/radio-6.gif
http://classroomclipart.com/images/gallery/Clipart/Black_and_White_Clipart/Technology/16-02-09_26RBW.jpg
http://lspace6.via-on-line.de/oldenburg/gasthoerer.nsf/0/E989FE5E5E819DC4C125760B002EEC25/$FILE/Clipart_Buecher.jpg?OpenElement
http://photos1.fotosearch.com/bthumb/SUE/SUE104/BWBW1190.jpg
http://www.heise.de/imgs/18/2/0/0/1/5/5/aa79d02e10166736.jpg
http://images.wikia.com/finalfantasy2/de/images/3/32/Gameboy.jpg
http://zockerseele.com/wp-content/images/playstation.jpg
http://www.gimahhot.de/images/products_large/59/599607/scott-stereo-radio-kassettengeraet-mit-cd-player.jpg
http://www.cdlengua.de/gifs/telefon-rot.gif
http://www.ras-training.de/neu/publikationen/images/verkaufspraxis/symbol_5_telefon.jpg

8.1 Sitzplan

Lehrertisch

8.2 Tafelbild

außen

(Poster)

"Call My Name"

Bild von Pietro Lombardi

once – einmal

twice – zweimal

disappear – verschwinden

cause = because

you'll – du wirst

swear – schwören

rendezvous – Verabredung

miss – vermissen

you drive me crazy – du machst mich verrückt

ignore – ignorieren

cannot = can not

wanna = want to

innen

homework:

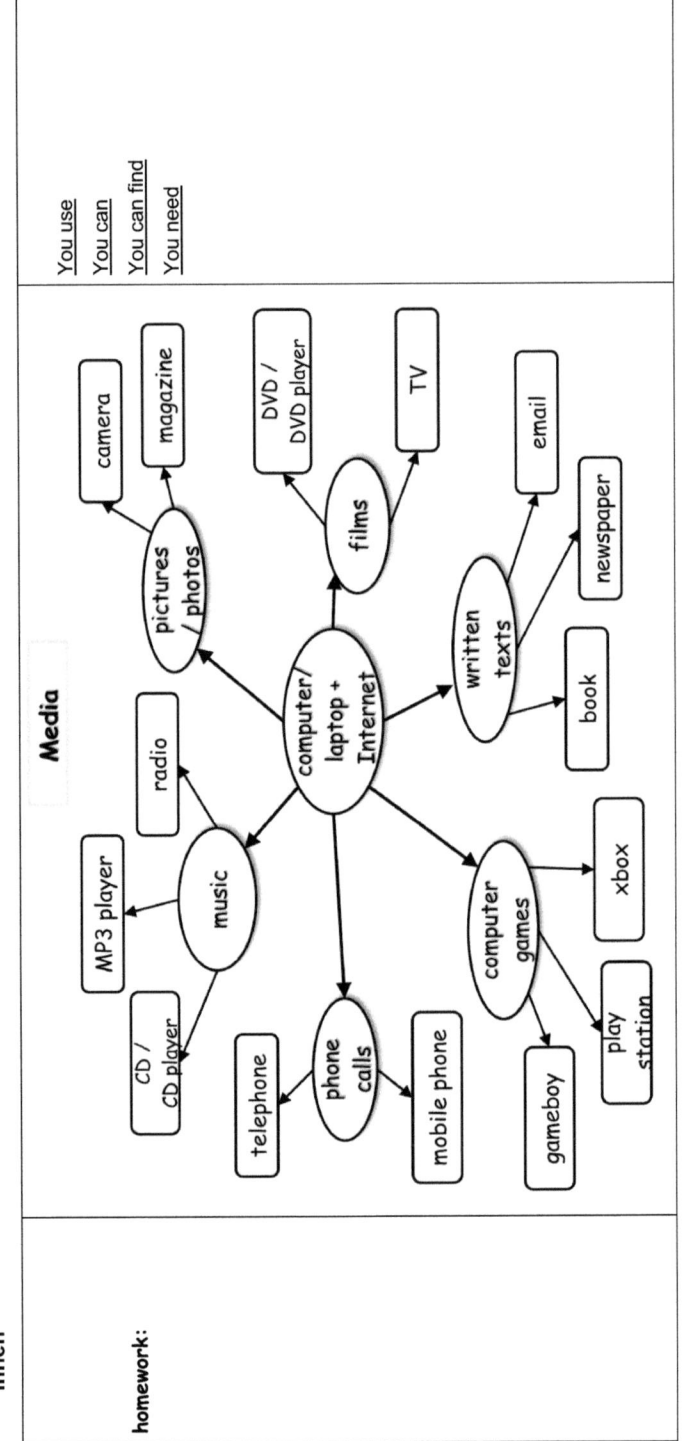

Media

You use
You can
You can find
You need

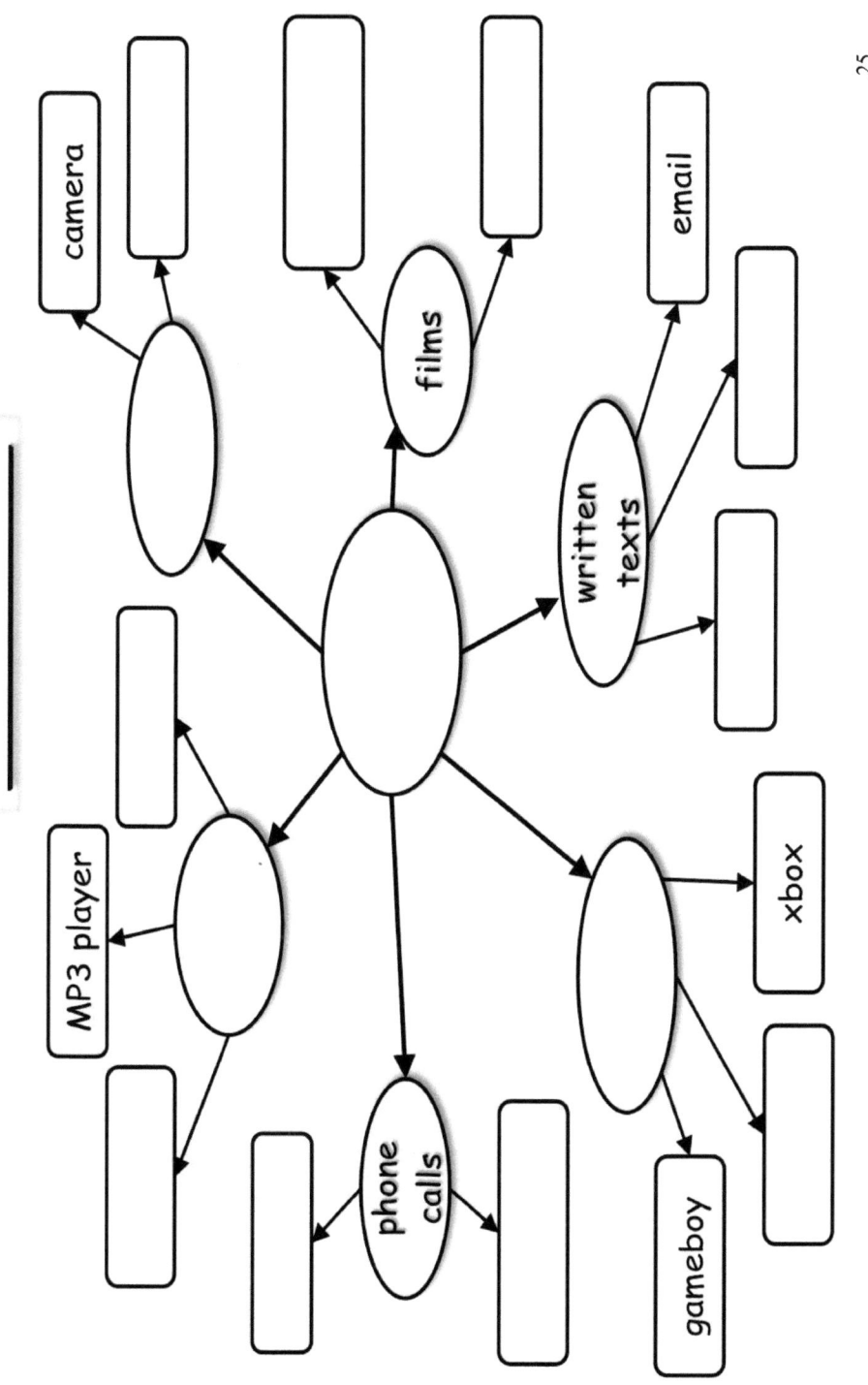

BEI GRIN MACHT SICH IHR WISSEN BEZAHLT

- Wir veröffentlichen Ihre Hausarbeit,
  Bachelor- und Masterarbeit

- Ihr eigenes eBook und Buch -
  weltweit in allen wichtigen Shops

- Verdienen Sie an jedem Verkauf

Jetzt bei www.GRIN.com hochladen und kostenlos publizieren